Au nom du Père, 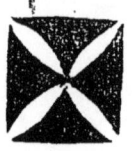 Ainsi soit-il.
et du Saint-Esprit, du Fils,

MAJUSCULES

A B C D E F
G H I J K L M
N O P Q R S
T U V X Y Z

MINUSCULES

a b c d e f g h
i j k l m n o p q
r s t u v x y z

MAJUSCULES ITALIQUES

A B C D E F G H
I J K L M N O P Q
R S T U V X Y Z

MINUSCULES ITALIQUES

a b c d e f g h i j k l m
n o p q r s t u v x y z

Il y a deux sortes de lettres : les articulations ou consonnes, les sons ou voyelles.

Il y a dix-neuf articulations ou consonnes :

b c d f g h j k l m n p
q r s t v x z

Il y a six sons ou voyelles simples :

a e i o u y

Voyelles composées :

æ œ ie au eu ou eau

Voyelles diphthongues et triphthongues :

ai ei ieu iou iu oi oy oui ui

Il y a quatre sortes d'accents sur les voyelles, qui sont :

L'accent aigu (é).
L'accent grave (à è ì ò ù).
L'accent circonflexe (â ê î ô û).
Le tréma (ë ï ü).

PONCTUATIONS

. point.	' apostrophe.
, virgule.	- trait d'union.
; point et virgule.	( ) parenthèse.
: deux points.	* astérisque.
? point d'interroga-	« guillemet.
tion.	— interlocutif.
! point d'exclama-	§ paragraphe.
tion.	[ ] crochets.

Syllabes de deux lettres, ou sons formés d'une consonne et d'une voyelle.

ba	be	bi	bo	bu
ca	ce	ci	co	cu
da	de	di	do	du
fa	fe	fi	fo	fu
ga	ge	gi	go	gu
ha	he	hi	ho	hu
ja	je	ji	jo	ju
ka	ke	ki	ko	ku
la	le	li	lo	lu
ma	me	mi	mo	mu
na	ne	ni	no	nu
pa	pe	pi	po	pu
qua	que	qui	quo	quu
ra	re	ri	ro	ru
sa	se	si	so	su
ta	te	ti	to	tu
va	ve	vi	vo	vu
xa	xe	xi	xo	xu
za	ze	zi	zo	zu

Sons formés d'une voyelle et d'une consonne.

ab	eb	ib	ob	ub
ac	ec	ic	oc	uc
ad	ed	id	od	ud
af	ef	if	of	uf
ag	eg	ig	og	ug
ah	eh	ih	oh	uh
al	el	il	ol	ul
am	em	im	om	um
an	en	in	on	un
ap	ep	ip	op	up
ar	er	ir	or	ur
as	es	is	os	us
at	et	it	ot	ut
av	ev	iv	ov	uv
ax	ex	ix	ox	ux
az	ez	iz	oz	uz

Syllabes de trois lettres

bla	ble	bli	blo	blu
bra	bre	bri	bro	bru

cha	che	chi	cho	chu
cla	cle	cli	clo	clu
cra	cre	cri	cro	cru
dra	dre	dri	dro	dru
fla	fle	fli	flo	flu
fra	fre	fri	fro	fru
gla	gle	gli	glo	glu
gra	gre	gri	gro	gru
pha	phe	phi	pho	phu
pla	ple	pli	plo	plu
pra	pre	pri	pro	pru
qua	que	qui	quo	quu
rha	rhe	rhi	rho	rhu
sça	sçe	sçi	sço	sçu
sca	sce	sci	sco	scu
spa	spe	spi	spo	spu
sta	ste	sti	sto	stu
tha	the	thi	tho	thu
tra	tre	tri	tro	tru
vra	vre	vri	vro	vru

MOTS

A-mi, â-ne, bê-te, bê-che, ca-fé, ca-ge, ce-ci, cô-té cu-ré, da-me, dé-fi, dî-né, du-pe, é-pi, fê-te, fi-che, ga-ze, gî-te, î-le, ju-pe, li-gne, li-re, lu-ne, ma-ri, mè-re, mi-di, or-me, pail-le, pa-pa, pi-pe, po-che, pu-ce, râ-pe, ro-che, rô-ti, sa-ge, sé-ve, si-gne, ta-che, tê-te, tô-le, ur-ne, va-che, vi-de, vi-gne, zè-le, zé-ro.

A-me, bû-che, ca-ve, cô-te, da-te, dé-jà, de-mi, é-té, é-cu, fè-ve, gâ-che, ga-la, ju-ge, la-me, li-me, mo-de, pa-vé, pa-ri, pé-ché, ra-me, ra-ve, ri-che, rô-le, tê-tu, vi-ce.

A-va-ri-ce, a-rê-te, bo-bè-che, ba-ga-ge, ca-ba-ne, ca-na-pé, cé-le-ri, co-lè-re, di-gni-té, do-mi-no, é-co-le, é-cail-le, é-cu-me, é-pi-ne, fi-gu-re, gi-ra-fe, ju-ju-be, lé-gu-me, ma-da-me, na-tu-re, o-li-ve, pe-lo-te, sa-la-de.

PHRASES

Le dî-né, u-ne bû-che, le rô-ti, du cé-le-ri, u-ne ca-ge, ma mè-re, la fi-gu-re, du ca-fé, la vi-gne, le ci-ra-ge, u-ne ta-che, u-ne pu-ce, la gi-ra-fe, la ca-ve, u-ne li-me, le pa-ri, la cha-ri-té, la ci-ga-le, u-ne mé-dail-le, ce-ci, le chê-ne, le ci-ga-re, u-ne cho-pi-ne, le si-gne, u-ne me-na-ce, la ba-tail-le, la ra-ge, u-ne vi-pè-re, le ju-ge.

Le jo-li ca-na-pé, le pè-re ché-ri, la ca-ba-ne so-li-de, le pa-vé u-ni, u-ne pe-ti-te tail-le, u-ne fu-tail-le vi-de, u-ne sa-la-de de cé-le-ri, la po-che de la ca-po-te, la ca-ge de la li-not-te, la tê-te de la gi-ra-fe, u-ne ta-che de ci-ra-ge, la fê-te de pa-pa, la so-li-di-té de la ca-ba-ne.

CHIFFRES

1	2	3	4	5	6	7	8	9	0
un	deux	trois	quatre	cinq	six	sept	huit	neuf	zéro

TABLEAU DES CHIFFRES

CHIFFRES ROMAINS.	CHIFFRES ARABES.	DÉSIGNATIONS.
I.	1.	Un.
II.	2.	Deux.
III.	3.	Trois.
IV.	4.	Quatre.
V.	5.	Cinq.
VI.	6.	Six.
VII.	7.	Sept.
VIII.	8.	Huit.
IX.	9.	Neuf.
X.	10.	Dix.
XI.	11.	Onze.
XII.	12.	Douze.
XIII.	13.	Treize.
XIV.	14.	Quatorze.
XV.	15.	Quinze.
XVI.	16.	Seize.
XVII.	17.	Dix-sept.
XVIII.	18.	Dix-huit.
XIX.	19.	Dix-neuf.
XX.	20.	Vingt.
XXX.	30.	Trente.
XL.	40.	Quarante.
L.	50.	Cinquante.
LX.	60.	Soixante.
LXX.	70.	Soixante-dix.
LXXX.	80.	Quatre-vingts.
XC.	90.	Quatre-vingt-dix.
C.	100.	Cent.
CC.	200.	Deux cents.
CCC.	300.	Trois cents.
CCCC.	400.	Quatre cents.
D.	500.	Cinq cents.
M.	1000.	Mille.
MD.	1500.	Mille cinq cents.
MM.	2000.	Deux mille.

TABLEAU DE MULTIPLICATION

2	fois	2	font	4	5	fois	9	font	45
2	—	3	—	6	5	—	10	—	50
2	—	4	—	8	5	—	11	—	55
2	—	5	—	10	5	—	12	—	60
2	—	6	—	12					
2	—	7	—	14	6	fois	6	font	36
2	—	8	—	16	6	—	7	—	42
2	—	9	—	18	6	—	8	—	48
2	—	10	—	20	6	—	9	—	54
2	—	11	—	22	6	—	10	—	60
2	—	12	—	24	6	—	11	—	66
					6	—	12	—	72
3	fois	3	font	9					
3	—	4	—	12	7	fois	7	font	49
3	—	5	—	15	7	—	8	—	56
3	—	6	—	18	7	—	9	—	63
3	—	7	—	21	7	—	10	—	70
3	—	8	—	24	7	—	11	—	77
3	—	9	—	27	7	—	12	—	84
3	—	10	—	30					
3	—	11	—	33	8	fois	8	font	64
3	—	12	—	36	8	—	9	—	72
					8	—	10	—	80
4	fois	4	font	16	8	—	11	—	88
4	—	5	—	20	8	—	12	—	96
4	—	6	—	24					
4	—	7	—	28	9	fois	9	font	81
4	—	8	—	32	9	—	10	—	90
4	—	9	—	36	9	—	11	—	99
4	—	10	—	40	9	—	12	—	108
4	—	11	—	44					
4	—	12	—	48	10	fois	10	font	100
					10	—	11	—	110
5	fois	5	font	25	10	—	12	—	120
5	—	6	—	30	11	fois	11	font	121
5	—	7	—	35	11	—	12	—	132
5	—	8	—	40	12	fois	12	font	144

ORAISON DOMINICALE

No-tre Pè-re, qui ê-tes aux ci-eux, que vo-tre nom soit sanc-ti-fié; que vo-tre rè-gne ar-ri-ve; que vo-tre vo-lon-té soit fai-te sur la ter-re com-me au ci-el. Don-nez-nous au-jour-d'hui notre pain quo-ti-dien, par-don-nez-nous nos of-fen-ses, com-me nous par-don-nons à tous ceux qui nous ont of-fen-sés; et ne nous lais-sez pas suc-com-ber à la ten-ta-tion; mais dé-li-vrez-nous du mal. Ain-si soit-il.

SALUTATION ANGÉLIQUE

Je vous sa-lue, Ma-rie, plei-ne de grâ-ce; le Sei-gneur est avec vous; vous ê-tes bé-nie en-tre tou-tes les fem-mes, et Jésus, le fru-it de vos en-trail-les, est bé-ni.

Sain-te Ma-rie, mè-re de Di-eu, pri-ez pour nous, pau-vres pé-cheurs, main-te-nant et à l'heure de no-tre mort. Ain-si soit-il.

SYMBOLE DES APÔTRES

Je crois en Dieu le père tout-puissant, créateur du ciel et de la terre; et en Jésus-Christ, son fils unique, notre Seigneur, qui a été conçu du Saint-Esprit, est né de la vierge Marie, qui a souffert sous Ponce-Pilate, a été crucifié, est mort et a été enseveli; est descendu aux enfers; le troisième jour, est ressuscité d'entre les morts; est monté aux cieux; est assis à la droite de Dieu, le Père tout-puissant, d'où il viendra juger les vivants et les morts.

Je crois au Saint-Esprit, à la sainte Église catholique, à la communion des Saints, à la rémission des péchés, à la résurrection de la chair, à la vie éternelle. Ainsi soit-il.

CONFESSION DES PÉCHÉS

Je me confesse à Dieu tout-puissant, à la bienheureuse Marie, toujours vierge, à saint Michel archange, à saint Jean-Baptiste, aux apôtres saint Pierre et saint Paul, à tous les Saints, et à vous, mon père, parce que j'ai péché par pensées, par paroles, par actions et par omissions. C'est ma faute, c'est ma faute, c'est ma très-grande faute. C'est pourquoi je supplie la bienheureuse Marie, toujours vierge, saint Michel archange, saint Jean-Baptiste, les apôtres saint Pierre et saint Paul, tous les Saints et vous, mon père, de prier pour moi le Seigneur notre Dieu.

ACTE DE FOI

Mon Dieu, je crois fermement tout ce que croit et enseigne la sainte Église, parce que c'est vous qui l'avez dit, et que vous êtes la vérité même.

ACTE D'ESPÉRANCE

Mon Dieu, j'espère de votre bonté infinie que vous me donnerez votre grâce en ce monde, et le paradis dans l'autre, par les mérites de votre cher Fils, Notre-Seigneur Jésus-Christ, parce que vous l'avez promis, et que vous êtes fidèle à vos promesses.

ACTE DE CHARITÉ

Mon Dieu, je vous aime de tout mon cœur et par-dessus toutes choses, parce que vous êtes infiniment bon et infiniment aimable ; j'aime aussi mon prochain comme moi-même, pour l'amour de vous.

PRIÈRE A LA SAINTE VIERGE

Très-sainte Vierge, mère immaculée de Notre-Seigneur Jésus, je ne suis qu'un enfant, mais je vous aime, parce que vous êtes la bonté même. Priez pour moi votre divin Fils, afin qu'il écarte de mon cœur l'idée du mal, qu'il y fasse naître l'amour du bien, et qu'il daigne inspirer aujourd'hui et toujours toutes mes pensées, toutes mes paroles et toutes mes actions. Sainte Vierge Marie, priez pour moi.

PRIÈRE A SON ANGE GARDIEN

Mon bon ange, vous qui veillez sans cesse à mes côtés, soyez, en ce jour, comme vous l'avez été jusqu'à présent, mon protecteur, mon guide tutélaire. Soutenez-moi dans mes efforts pour éviter le péché ; aidez-moi à vivre chrétiennement et à mériter, par une conduite pure et sans tache, d'être du nombre de ces élus auxquels Dieu, dans sa bonté infinie, a promis les éternelles récompenses de l'autre vie.

LES COMMANDEMENTS DE DIEU

Un seul Dieu tu adoreras
Et aimeras parfaitement.
Dieu en vain tu ne jureras,
Ni autre chose pareillement.
Les Dimanches tu garderas,
En servant Dieu dévotement.
Tes père et mère honoreras,
Afin de vivre longuement.
Homicide point ne seras,
De fait, ni volontairement.
Luxurieux point ne seras,
De corps ni de consentement.
Le bien d'autrui tu ne prendras,
Ni retiendras à ton escient.
Faux témoignage ne diras,
Ni mentiras aucunement.

L'œuvre de chair ne désireras,
Qu'en mariage seulement.
Biens d'autrui ne convoiteras
Pour les avoir injustement.

LES COMMANDEMENTS DE L'ÉGLISE

Les Dimanches la messe ouïras,
Et Fêtes de commandement.
Tous tes péchés confesseras,
A tout le moins une fois l'an.
Ton Créateur tu recevras
Au moins à Pâques humblement.
Les Fêtes tu sanctifieras,
En servant Dieu dévotement.
Quatre-temps, Vigile jeûneras,
Et le Carême entièrement.
Vendredi chair ne mangeras,
Ni le samedi mêmement.

MAXIMES RELIGIEUSES

Il n'y a qu'un seul Dieu; c'est Dieu qui a fait tout ce qui est.

Dieu a l'œil dans tous les lieux; il voit dans tout les cœurs.

C'est de Dieu que je tiens tout ce j'ai.

Il vaut mieux rougir devant les hommes que de blesser sa conscience devant Dieu.

Ne rendez à personne le mal pour le mal, et ayez soin de faire le bien, non-seulement devant Dieu, mais aussi devant les hommes.

Dieu aime celui qui fait l'aumône avec joie.

Celui qui agit injustement recevra la peine de son injustice, Dieu n'ayant point égard à la condition des personnes.

Souffrez avec patience les afflictions qui vous arrivent. Dieu vous traite en cela comme ses enfants. Et quel est l'enfant qui ne soit châtié par son père?

A quelque chose malheur est bon. N'accusons jamais la Providence.

LECTURES MORALES

LE TRAVAIL ET LA PARESSE

L'homme est né pour le travail; le paresseux est le plus incomplet et le plus inutile des êtres.

Le travail rend la vie douce et fait que l'on n'en sent point les ennuis. La vie de l'oisif n'est pas une vie, c'est une plainte.

Le travail est la source de toutes les vertus. La paresse est la mère de tous les vices.

Le travail développe et fortifie tout à la fois l'intelligence et le corps. La paresse engourdit et consume inévitablement l'un et l'autre.

Le travail est agréable à Dieu. La paresse offense mortellement celui qui a dit à l'homme : Tu mangeras ton pain à la sueur de ton front.

Le jeune âge est le temps de la semence, et la vieillesse le temps de la récolte des fruits. Quelle récolte peut espérer celui qui n'a pas semé dans son jeune âge?

L'homme laborieux meurt regretté de tous et vénéré de ses enfants, auxquels il laisse, avec le souvenir de ses vertus, une belle part d'héritage. Le paresseux s'éteint au milieu de l'indifférence universelle, et ses enfants, qui ne lui doivent rien, se hâtent d'oublier sa mémoire.

LE BON FILS

Dans une contrée de l'Europe, un enfant, placé à l'École militaire, se contentait, depuis plusieurs jours, de la soupe et du pain sec avec de l'eau. Le gouverneur, averti de cette singularité, l'en reprit, attribuant cela à quelque excès de dévotion mal entendue. Le jeune enfant continuait toujours sans découvrir son secret. Le gouverneur, étonné de cette persévérance, le fit venir de nouveau, et, après lui avoir doucement représenté combien il était nécessaire de faire comme les autres élèves et de se conformer à l'usage de l'école, voyant qu'il ne s'expliquait pas sur les motifs de sa conduite, il fut contraint de le menacer, s'il ne se réformait, de le rendre à sa famille. « Hélas! monsieur, lui dit alors l'enfant, vous voulez savoir la raison que j'ai d'agir comme je le fais; la voici : dans la maison de mon père, je mangeais du pain noir en petite quantité; nous n'avions souvent que de l'eau à y ajouter; ici je mange de bonne soupe, le pain est bon, blanc et à discrétion; je trouve que je fais grande chère, et je ne puis me résoudre à manger davantage, me souvenant de la situation de mon père et de ma mère. »

Le gouverneur ne put retenir ses larmes, en voyant la sensibilité et la fermeté de cet enfant : « Votre père a été militaire, lui dit-il; pourquoi n'a-t-il pas une pension? — Pendant un an, il en a sollicité une, répondit le jeune élève; le défaut d'argent l'a forcé d'y renoncer et de retourner dans son pays. — Eh bien, dit le gouverneur, si le fait est aussi vrai qu'il le paraît dans votre bouche, je vous promets de lui en obtenir une. Puisque vos parents sont si peu à leur aise, ils n'ont vraisemblablement pas dû vous bien garnir le gousset; tenez, voici trois louis pour vos menus plaisirs; et quant à monsieur votre père, je lui enverrai d'avance la moitié de la pension que je me suis engagé à lui obtenir. — Monsieur, reprit l'enfant, comment ferez-vous pour lui envoyer cet argent? — Ne vous inquiétez pas, répondit le gouverneur; nous en trouverons le moyen. — Ah! monsieur, dit alors l'enfant, puisque vous avez cette facilité, remettez-lui aussi les trois louis que vous venez de me donner; ici, j'ai tout en abondance; cet argent me serait inutile; il fera grand bien à mon père pour ses autres enfants. »

L'ENFANT GATÉ

Une dame d'esprit avait un fils et craignait si fort de le rendre malade en le contredisant, qu'il était devenu un petit tyran, et entrait en fureur à la moindre résistance qu'on osait faire à ses volontés les plus bizarres. Le mari de cette dame, ses parents, ses amis, lui représentaient qu'elle perdait ce fils chéri : tout était inutile. Un jour qu'elle était dans sa chambre, elle entendit son fils qui pleurait dans la cour : il s'égratignait le visage de rage, parce qu'un domestique lui refusait une chose qu'il voulait : « Vous êtes bien impertinent, dit-elle à ce valet, de ne pas donner à cet enfant ce qu'il vous demande! donnez-le-lui tout de suite. — Par ma foi, madame, lui répondit le valet, il pourrait crier jusqu'à demain qu'il ne l'aurait pas.» A ces mots, la dame devient furieuse et prête à tomber en convulsions; elle se précipite dans une salle où était son mari avec quelques-uns de ses amis; elle le prie de la suivre et de mettre dehors l'impudent qui lui résiste. Le mari, qui était aussi faible pour sa femme qu'elle l'était pour son fils, la suit en levant les épaules, et la compagnie se met à la fenêtre pour voir de quoi il était question. « Insolent! dit-il au valet, comment avez-vous la hardiesse de désobéir à madame, en refusant à l'enfant ce qu'il vous demande?— En vérité, monsieur, dit le valet, madame n'a qu'à le lui donner elle-même : il y a un quart d'heure qu'il a vu la lune dans un seau d'eau, et il veut que je la lui donne! » A ces paroles, la compagnie et le mari ne purent retenir de grands éclats de rire ; la dame elle-même, malgré sa colère, ne put s'empêcher de rire aussi, et fut si honteuse de cette scène, qu'elle se corrigea et parvint à faire un aimable enfant de ce petit être maussade et volontaire. Bien des mères auraient besoin d'une pareille leçon.

FABLES CHOISIES

LES SUITES DE L'IMPRÉVOYANCE

La Cigale et la Fourmi.

La cigale ayant chanté
    Tout l'été,
Se trouva fort dépourvue
Quand la bise[1] fut venue.
Pas un seul petit morceau
De mouche ou de vermisseau!
Elle alla crier famine
Chez la fourmi sa voisine;
La priant de lui prêter
Quelques grains pour subsister
Jusqu'à la saison nouvelle.
« Je vous payerai, lui dit-elle,
« Avant l'oût[2], foi d'animal!
« Intérêt et principal. »
La fourmi n'est pas prêteuse :
C'est là son moindre défaut.
« Que faisiez-vous au temps chaud ? »
Dit-elle à cette emprunteuse.
« — Nuit et jour, à tout venant
« Je chantais, ne vous déplaise.
« — Vous chantiez? j'en suis fort aise.
« Eh bien, dansez maintenant. »

---

[1] La *bise*, le vent du nord, pris pour l'hiver.
[2] L'*oût*, le mois d'août, temps de la moisson.

LA RÉCOMPENSE DU TRAVAIL

Le Laboureur et ses Enfants.

Travaillez, prenez de la peine ;
C'est le fonds qui manque le moins.
Un riche laboureur, sentant sa mort prochaine,
Fit venir ses enfants, leur parla sans témoins.
« Gardez-vous, leur dit-il, de vendre l'héritage
  « Que nous ont laissé nos parents :
  « Un trésor est caché dedans.
« Je ne sais pas l'endroit, mais un peu de courage
« Vous le fera trouver : vous en viendrez à bout.
« Remuez votre champ dès qu'on aura fait l'oût[1] ;
« Creusez, fouillez, bêchez ; ne laissez nulle place
  « Où la main ne passe et repasse. »
Le père mort, les fils vous retournent le champ
De çà, de là, partout ; si bien qu'au bout de l'an
  Il en rapporta davantage.
D'argent, point de caché. Mais le père fut sage
  De leur montrer, avant sa mort,
  Que le travail est un trésor.

[1] L'*oût*, pour l'*août*, mois où l'on fait la moisson, mis ici pour la moisson même.

GÉOGRAPHIE D'HAÏTI

Haïti est le nom que portait originairement cette île. Les naturels du pays l'avaient ainsi appelée à cause des mornes et des bois dont elle est, pour ainsi dire, hérissée, *Haïti* signifiant, en langue caraïbe, terre boisée et montueuse. Christophe Colomb, qui la découvrit, la nomma Española ; les Français l'appelèrent plus tard Saint-Domingue. Depuis la déclaration d'indépendance, elle a repris son nom primitif d'Haïti.

L'île d'Haïti est située entre le 71e et le 76e degré 54 minutes de longitude occidentale, et entre le 17e degré 42 minutes et le 19e degré 56 minutes de latitude septentrionale. Elle est baignée au nord par l'océan Atlantique, au sud, par la mer des Antilles, et environnée d'autres îles, dont les principales sont : au nord, les Lucayes, soumises à la domination anglaise; à l'est, Porto-Rico appartenant à l'Espagne ; à l'ouest, la Jamaïque et Cuba, appartenant, la première à l'Angleterre, et la seconde à l'Espagne.

Au centre de l'île, s'élève un groupe de montagnes superposées les unes aux autres, d'où sortent trois châines qui courent dans différentes directions. Quatre fleuves principaux en descendent; ce sont le Neiba (Neiva, Neibe), qui traverse la vallée de Saint-Jean en courant vers le sud; le Yuna, qui arrose la plaine de la Vega, vers l'est, le Yayn (Yaqui, Yaque, Saint-Yaque ou Monte-Christi), qui traverse la plaine de Santiago, vers le nord; et l'Artibonite, le plus considérable de tous, qui, après avoir arrosé la partie occidentale de l'île, entre dans la mer, un peu au sud des Gonaïves. Un autre fleuve, d'un cours beaucoup moindre, mais dont le lit est profond, est l'Ozama, sur les bords duquel s'élève San Domingo. D'autres rivières moins importantes se déchargent dans le vaste Étang Salé ou Leguna Enriquilo, qui forme un bassin intérieur.

Les villes principales sont: Port-au-Prince, capitale de l'île, à l'ouest; les Cayes, au sud-ouest; San-Domingo, au sud-est; le cap Haïtien, au nord. On compte parmi les villes secondaires Léogame, Jacmel, Pétion, le Grand-Goave, le Petit-Goave, Saint-Louis, Jérémie, les Gonaïves, Saint-Marc, le Port-de-Paix, le Môle-Saint-Nicolas, Saint-Yaque, Port-Plate, la Vega, Cotuy, Saint-Christophe, Higuey, Samana.

Les îles avoisinant Haïti, et qui en dépendent, sont la Tortue, l'île Gonave, les Cayemites, l'île de la Vache, Alta-Vela, l'île Saône, l'île Beata et Sainte-Catherine.

RÉSUMÉ DE L'HISTOIRE D'HAÏTI

Au temps de la découverte de l'Amérique, l'archipel des Antilles renfermait deux populations de mœurs différentes, mais probablement de même origine, car elles parlaient la même langue et avaient les mêmes caractères généraux: le front aplati, le nez long, prononcé et fortement aquilin, l'œil grand et brun, les lèvres minces, les cheveux noirs, plats et luisants, et la peau rougeâtre. Dans les grandes îles de Cuba, d'Haïti, de Porto-Rico, de la Jamaïque, vivaient des hommes doux, pacifiques, hospitaliers, sans soucis et sans besoins, grâce à l'extrême modération de leurs désirs et à l'inépuisable richesse du sol. Dans les petites îles, habitaient des sauvages cruels, inhospitaliers, anthropophages, toujours en guerre les uns avec les autres ou avec leurs voisins des grandes îles. Les premiers furent appelés Indiens par Christophe Colomb; les seconds étaient les Caraïbes.

Lorsque l'illustre navigateur génois aborda à Haïti, le

6 décembre 1492, après avoir découvert San Salvador, Cuba et quelques autres îles, les indigènes, d'abord épouvantés par la grandeur des navires espagnols et les détonations de l'artillerie, mais bientôt rassurés par les démonstrations bienveillantes de Colomb, firent aux étrangers l'accueil le plus cordial et le plus empressé. Haïti était alors partagé en cinq tribus indépendantes les unes des autres.

Vers la fin du seizième siècle et dans les commencements du dix-septième, des bandes de hardis compagnons se formèrent en France et en Angleterre et passèrent les mers pour venir dans le nouveau monde. L'île Saint-Christophe leur servit d'abord de point d'appui; ils rayonnèrent de là sur les îles voisines, et s'emparèrent de la côte nord de Saint-Domingue, puis de l'île de la Tortue, qui devint leur place d'armes. Des luttes terribles s'engagèrent entre eux et les Espagnols, dans lesquelles ces *boucaniers* ou *flibustiers* déployèrent un héroïsme extraordinaire. L'élément français prévalut à la longue sur l'élément anglais, à l'île de la Tortue et sur les côtes de Saint-Domingue.

De 1697 à 1789, la colonie prospéra. De nombreuses villes se fondèrent; l'île se couvrit de plantations et de manufactures; elle devint le centre d'un vaste commerce d'exportation. En 1776, une nouvelle convention fut conclue avec le gouvernement espagnol pour le règlement définitif des limites, et fixa la frontière française aux anses à Pitre pour le sud, au fort Dauphin et à la baie de Mancenille pour le nord. Quelques années plus tard, le 24 juillet 1795, par le traité de Bâle, la cour de Madrid devait céder à la France la partie espagnole de Saint-Domingue.

En 1789, une ère nouvelle s'ouvre pour Saint-Domingue. Une guerre féconde en drames effrayants et en sanglantes catastrophes éclate après l'exécution de Jacques Ogé, qui a le premier réclamé les armes à la main, pour les opprimés, la jouissance des droits civils et politiques. Cette guerre ne cessa qu'à la fin de 1803, par l'expulsion définitive des Français. La grande insurrection commence sous l'impulsion de Boukmann, le 22 août 1791; elle est soutenue par Jean-François Biassou, Beauvais, Rigaud, Pétion, Hyacinthe. Le 29 août 1793, le commissaire de la république française, Sonthenax, prononce au Cap l'affranchissement général des esclaves, aux termes d'un décret rendu, le 5 février précédent, par la Convention.

Le 3 février 1802, une expédition est envoyé par le premier consul Bonaparte pour ressaisir la domination de Saint-Domingue et y rétablir l'esclavage. Toussaint Louverture, forcé de déposer les armes après une résistance héroïque, traite avec le général Leclerc; un mois plus tard, on s'empare de sa personne, et il est déporté en France, où il meurt l'année suivante, à Besançon, dans un cachot sombre et humide.

Après la disparition de Toussaint Louverture, l'insurrection recommence et s'étend comme un incendie sur tous les points de l'île. Les Français, entourés d'un cercle toujours croissant d'ennemis, et décimés, en outre, par les fièvres, sont successivement refoulés de toutes les positions qu'ils occupaient, et enfermés enfin dans la ville du Cap, où Dessalines va les assiéger avec vingt-sept mille hommes; ils capitulent le 19 novembre 1803. L'acte d'indépendance est proclamé le 1ᵉʳ janvier 1804, et Saint-Domingue redevient Haïti.

Haïti se trouva partagée en deux et peu après en trois gouvernements : le gouvernement de Christophe au nord et au nord-ouest; le gouvernement de Rigaud au sud; le gouvernement de Pétion au sud-ouest. Le général Rigaud étant mort sur ces entrefaites, Pétion hérita de son influence dans le sud et gouverna la république d'Haïti, pendant que Christophe prenait le titre de roi et se faisait couronner, sous le nom d'Henri Iᵉʳ, le 2 juin 1814.

En 1816, Pétion fit reviser la constitution républicaine du 27 décembre 1806, et fut nommé président à vie, avec la faculté de désigner son successeur : il mourut le 26 mars 1818. Le général Boyer, qui lui succéda sur sa désignation, marcha contre Christophe, menacé par une conspiration dans laquelle trempaient ses principaux officiers. Christophe, abandonné de son armée, se suicida le 8 octobre 1820. Boyer entra au Cap, et la réunion du royaume du nord à la république du sud fut un fait accompli. Deux ans après, la province de l'est, qui avait été rendue à l'Espagne en 1814, par le traité de Paris, se donna à la république, et l'étendard haïtien flotta sur l'île tout entière.

La présidence du général Boyer dura vingt-cinq années. Le 1ᵉʳ février 1843, la ville de Cayes se souleva contre lui sous la conduite du commandant d'artillerie

Rivière-Hérard; la révolte devint bientôt générale; Boyer dut abdiquer le 14 mars suivant. Un gouvernement provisoire fut installé au Port-au-Prince; une assemblée constituante se réunit et promulgua, le 31 décembre, une nouvelle constitution. Rivière-Hérard fut élu président, puis renversé, le 3 mai 1844, et remplacé par Philippe Guerrier, qui prononça la suspension de la constitution et institua un conseil d'État.

Guerrier étant mort en 1845, le général Louis Pierrot fut appelé à la présidence par le conseil d'État.

Frappé de déchéance le 1ᵉʳ mars 1846, le général Pierrot céda la place à J.-B. Riché, qui remit en vigueur la constitution de 1816, jusqu'au moment où le sénat décréta une nouvelle constitution (16 novembre).

Le 27 février 1847, après la mort de Riché, la présidence fut dévolue au général Faustin Soulouque. Le 27 août 1849, le président Soulouque a été proclamé empereur d'Haïti sous le nom de Faustin Iᵉʳ. Son couronnement a eu lieu, le 15 avril 1852, au Port-au-Prince.

Après sept années de règne, Soulouque a été forcé de s'enfuir devant la population soulevée. La république a été proclamée le 15 janvier 1859, et Geffrard, qui s'était mis à la tête du mouvement, en a été proclamé président.

Fabre Geffrard naquit le 19 septembre 1806, à l'Anse-à-Veau (Haïti). Adopté par le commandant du 13ᵉ régiment de Cayes, doué d'une vive imagination, il reçut une instruction très-solide. Il embrassa l'état militaire à l'âge de quinze ans, passa par tous les grades, et il était capitaine lorsque le général Rivière-Hérard, prenant les armes en 1843 contre le président Boyer, le désigna pour son lieutenant. Ce fut à sa résolution inébranlable de marcher sur Jérémie que la république dut son salut; promu au grade de colonel par le comité populaire, il refoula les troupes de Boyer jusqu'à Tuburon, où, les trompant par une manœuvre habile, il alla les culbuter au numéro deux.

Geffrard avait déjà acquis une haute réputation militaire, lorsque l'expédition de 1856 dans l'est lui procura l'occasion de lui donner un nouvel éclat. Chargé de ramener l'arrière-garde avec toute l'artillerie de l'armée, il sut allier les qualités de grand général à celles de bon administrateur, et entra à Banica quatre jours après l'empereur.

Geffrard allait être arrêté par ordre de Soulouque, le 21 décembre 1858, lorsque, averti par des amis, il put s'éloigner du Port-au-Prince dans un canot; pendant ce temps, on jetait en prison sa femme et ses enfants.

Arrivé aux Gonaïves, Geffrard fut proclamé président de la république d'Haïti par les provinces de l'Artibonite et du nord, et, soutenu par ses anciens compagnons d'armes, il marcha contre Soulouque, qu'il battit et qu'il protégea contre les fureurs de la révolution, en le faisant embarquer avec toute sa famille pour la Jamaïque.

Depuis l'avénement du président Geffrard, tout annonce une ère de grandeur et de prospérité pour la république; les nouvelles lois promulguées, les sages mesures d'administration mises en vigueur, en sont un sûr garant pour la nouvelle génération, qui, grandissant au milieu d'une liberté complète, pourra tranquillement développer les sciences, les arts et l'industrie du pays, et arriver au plus haut degré de la civilisation.

www.ingramcontent.com/pod-product-compliance
Lightning Source LLC
Chambersburg PA
CBHW060905050426
42453CB00010B/1577